AUTORRETRATO EN OJO AJENO

CARLOTA CAULFIELD nació en La Habana, Cuba. Ha vivido en La Habana, Dublín, Zürich, New York, New Orleans, San Francisco, Oakland y Londres. Entre sus poemarios se encuentran *A las puertas del papel con amoroso fuego* (1996), *Book of the XXXIX Steps, a poetry game of discovery and imagination*, CD-ROM (1999) y *Quincunce* (2001). Sus poemas han sido publicados en numerosas revistas literarias, entre las que se encuentran *Haight Ashbury Literary Journal, Michigan Quarterly Review, Poetry San Francisco, Visions, Beacons, Turia, The Texas Review, Barcarola, Nómada, Cuadernos del Matemático, Aleph, AErea, Tercer Milenio, y CHASQUI.* Su poesía ha sido incluida en las antologías *El gran libro de la América judía* (1998), *Poesía hispano-caribeña escrita en los Estados Unidos* (1995), *These are Not Sweet Girls, Poetry by Latin American Women* (1994), and *Looking for Home. Women Writing about Exile* (1990). Entre los premios que su obra ha recibido se encuentran el Premio Internacional "Ultimo Novecento" (Italia, 1988), "Mención de Honor" en el "Premio Plural" (México, 1992), "Mención de Honor" en el Premio Internacional "Federico García Lorca" (Estados Unidos-España, 1994), Premio Internacional "Riccardo Marchi-Torre di Calafuria" (Italia, 1995) y la Mención de Honor en el 1997 Latino Literature Prize del Instituto de escritores latinoamericanos de Nueva York.

LIBROS DE CARLOTA CAULFIELD

Fanaim (1984).
Oscuridad divina (1985 & 1987).
A veces me llamo infancia/Sometimes I call myself childhood (1985).
El tiempo es una mujer que espera (1986).
34th Street & other poems (1987).
Angel Dust/Polvo de Angel/Polvere D'Angelo (1990).
Visual Games for Words & Sounds. Hyperpoems for the Macintosh (1993).
Libro de los XXXIX escalones/Libro dei XXXIX gradini (1995).
Estrofas de papel, barro y tinta (1995).
Libro de los XXXIX escalones/Book of the XXXIX Steps (1997).
Book of the XXXIX Steps, a poetry game of discovery and imagination. Hyperpoems for the Macintosh (1995).
A las puertas del papel con amoroso fuego (1996).
Book of the XXXIX Steps, a poetry game of discovery and imagination, CD-ROM (1999).
Quincunce (2001).

Su página de poesía en la red puede verse en
http://www.intelinet.org/Caulfield.

Carlota Caulfield

AUTORRETRATO
EN OJO AJENO

editorial **BETANIA**
Colección Ediciones Centro de Estudios Poéticos Hispánicos

Colección Ediciones Centro de Estudios Poéticos Hispánicos.
Dirigida por Ramiro Lagos.

Portada: *Autoritratto nello specchio convesso,* de Francesco Mazzola, Gen. Parmigianino (1503-1540). Kunsthistoriches Museum, Viena.

Foto de la autora: S.G.

© Editorial BETANIA.
   Apartado de Correos 50.767
   Madrid 28080, España.

I.S.B.N.: 84-8017-160-X
Depósito Legal: M-42.876-2001

Imprime Coopegraf.
Impreso en España — Printed in Spain.

EN UN ESPEJO CONVEXO

I. En un espejo suenan los pasos

Un cuerpo delicado el muro ha abandonado,
su fin es el crepúsculo, tal un azul fulgor.

GEORG TRAKL

Con mi rueca

No reconozco mi color.
En Alejandría perdí mi sombra
y toda apariencia de ciudad
ha sido belleza de lo inútil.
Todas mis coartadas sólo
sirvieron para estrechar
los lazos con la muerte.
Mi cuerpo encuadernado de lino
y la operación final
de enrollar mis venas.

Jan Vermeer Van Delft desenfoca
su pintura por un temblor de tierra

Le cerraría a esa tarde el deliro del viaje.
Varado en alta sierra quiere el espacio
considerar el umbral del salón desierto.
En los pasajes sin precisa memoria
las letras se dejan saborear.

Las sombras se descifran y los ojos absorben
las figuras de los cuerpos desnudos. Presentir la
caricia que asciende hacia el centro de la cúpula y
la escritura en su respuesta más simple.
Materia que se abre entre la que observa
y el arco de tus cejas.

El puente levadizo inventa el cuadro.

Autorretrato en un espejo convexo

a Paco Jarauta

En el cuadro hay un niño sonámbulo, pero no se puede
saber si camina o vuela. El movimiento de la retina
no quiere terminar el juego de lo que reposa o se alza.
El hilo de luz crea una transparencia en la mano que hace
ver su anillo. Parmigianino es capaz de refractarse.
En el cuadro hay una niña sonámbula,
pero no se puede saber si camina o vuela.

Convergencias. Fluir desde el riesgo de una mañana
anónima. Los niños entran en la cámara lúcida y se
dan la mano. Un día nos veremos al otro lado del
prisma, abriéndonos caminos en territorios lúdicos.

Habítame en ellos.

Aureo ojo el origen

Dos amantes caminan por un muro húmedo
y aparece frente a ellos una ciudad.
Suave es el animal que abre su mirar,
disuelve su respiración
y se desnuda entre espacios sin límites.

Una gota de agua fresca trae consigo
un olor a este mismo instante.

Dame la mano, que voy con argénteo paso

Inquieto caminar de la memoria
que santigua los textos borrados.

Una criatura se inclina
entre la extensión del oído tenaz
y unos labios que triplican la imagen.

Música de órgano oscura y sagrada

1.

La armonía se define
en lengua que dispersa
su fuerza contra un muro
que corre por su mandato
y se humilla ante una boca.

2.

Y el suelo de la mente retiene las semillas
después que el agua
lee la memoria
y la derrama sin súplicas
cuando también es buena.

3.

En la síntesis de todo y su opuesto
hay una mirada,
semilla sagrada
que la mano palpa
para ser herida en ojo ajeno.

1403 Pine Street

a Jesús J. Barquet

La forma se impone al contorno y un vuelo
de vestales quiebra el ánfora vacía.
Paredes táctiles, álgebra verbal, verdes
henchiduras que definen las señas.
El paso del mulo tiene los ojos abiertos
y sueña con penetrar la lengua que sea lengua
hasta la ruptura de la irónica añadidura.
Rabia de *horror vacui,*
en el demorado escándalo de dos cuerpos.
Darle contorno a lo inexistente
su ser vacuo
en el atrevido placer
de las disensiones.

Cubrir la forma:

lo que se escapa es lo que se rebela
lo que nos hace fuertes y desesperados
lo que engendra nuestra furia.

Llenar, como el amor llena,
en el acoplamiento del
tallo y fruta
tallo y tallo
fruta y fruta.

El cuerpo se expande por la casa
se apodera de ella
atrapa el vacío y lo deshace:

hacemos el amor en la cocina
comemos en el cuarto
jugamos ajedrez en el baño.

Penetrar de jarros y cántaros
como la unión transformante
como hierro devorado por el fuego.

El ánfora vacía se define en su propio vacío.

II. Con prestigio de azar
y metáforas de orfebres

*La isla está rodeada por un mar tembloroso
que algunos llaman piel. Pero es espuma.*

GILBERTO OWEN

Tres poemas que hablan de la anatomía de un mago

I

ni tanta despedida,
ni tanto mirar,
sólo así.

II

animal de trote
animal de trote en la lluvia que cae en mi rostro.

Tiene una cicatriz en el hombro izquierdo, su piel es como
textura de arándano silvestre, oscura casi violácea, pero
no amarga, sino con dulzor de semen que discurre por mis
venas de rutas desconocidas. Memoria tatuada.
Miel y pachulí.
¿Por qué?
No entraste en mí. Bilocación iniciática de hoy
que llueve con rabia y puedo escribir frente a la absoluta
respiración. Ceremonia de risas. Nuestra mutua presencia
que suda
que lame
que estalla   (arena)

Frente a los establos la fruta puede ser redonda.
La fruta está a punto cuando se encuentra dura
y rebota en la mesa de la cocina. Me leíste.

Ya lo dice aquí: el cultivo del arándano requiere mucho
trabajo, un clima y terreno especiales y un cuidado tan
exigente que no se recomienda a un aficionado. Pero
no hay mesa de cocina, sino puro paisaje, puro aire.
Ni más palabras, ni más silencios. Sólo una señal.

Llegó a buscarme vestido de negro
no sé de qué color tenía los ojos.
Sólo recuerdo dos cosas:
su boca, grande y sensual.
sus manos, infinitas y luminosas.

El camarero me contaba de su viaje a San Francisco.
Café. Lluvia. Silueta. Mirada.
Celebro el hambre atroz
en mi chaleco de monedas.
Aquello es una salpicadura sobre el espejo del baño.
Labios que se cruzan, se detienen y se devoran.
Lenguas como manos de dioses o cantos.

Un cuerpo contra la puerta de una habitación de hotel.
Un cuerpo contra el espacio de una habitación de hotel.

III

Del piso cuarto al séptimo
hay corrientes de aire.
Ven, que yo te cuento.
Contémonos como la enredadera de arándanos
prospera en tierras arenosas, bajas, y bosques profundos.
Gozo interrumpido. Ciclo de amor cada dos años.
He aprendido muchas cosas de ti que me han gustado.

Te paso una moneda de mi puño a tu puño,
de mi boca a tu boca.

Entonces se fue, ¿quieres que te lo diga?
y me dejó mirándolo.

Las despedidas pueden ser redondas, ovaladas,
en forma de campana o pera, pero la nuestra
es geométricamente hasta pronto.

Te diste una ducha. Leíste. Bajaste a tomar un café.
El mago se paró frente a tu mesa.
Subiste a tu habitación. Abriste las cortinas.
La ciudad de Lexington se humedece frente a ti.

Canto Gregoriano II

Ha de asirse la esencia, proposición o pregunta:
el cuerpo reconoce
y la lengua goza
en ceremonia que elimina espejos
hasta que llega la no reflexión.
Sin pensamientos comulga la epidermis.
El verdadero vacío es dos seres
en la Octava Conciencia.

Sin temblor

Todo empezó así: de los ojos
al corazón una viva inquietud
como cuando a alguien
lo levantan por el aire.

Estábamos demasiado cerca
(como dos números de lotería)
jugando nuestros versos
como si construyéramos
las primeras paredes de una casa.

Recuerda la mirada aficionada.
Recuerda, el cuerpo de unas horas
que con una breve señal
abandonó toda zozobra.

Un olvido que deja imágenes,
una memoria que no tiene público.

Medito con agua fina de la boca a la mano.

Desde una ventana de San Francisco

I

Palpitación del hilo rojo
que necesita ser mano,
conciencia y espacio.

No hay opción.
El texto carece de ilustraciones
y el plazo de admisión
depende de un verso de Pessoa
que ironiza sobre la apariencia
como coartada cultural.

Sombras chinescas

Hasta el eje sediento de mi centro:
no existe ningún espejo claro.

Templo de epigramas

Empujar, golpear en el oído
para que el sonido entre.

Hay una voz que se pierde
en los laberintos, en los canales,
en un mar que cambia, rico y extraño.

Teseo encontró la salida del laberinto,
pero caminó en círculos hasta que sus manos
aplacaron la tormenta de su pulsar eléctrico.

Todo ego exige claridad sobre uno mismo
y el otro. Ningún laberinto nos da signos
por los que podamos descifrar
dónde estamos y quiénes somos.

El peor dibujo del triángulo

Capacidad figurativa del cuerpo
en su variado signo.

III. Desde un escondite, unas cuantas trampas visuales

Ay
la ascensión del ansia
al vértice del beso,
trémulo, sí,
sí, pero
asesino.

SABINA BERMAN

Querida R.V.

De mis sueños infantiles guardo un tiovivo:
soy una plataforma giratoria a la deriva
con caballitos de palo, cochecitos despintados,
globos de cartón en los que se monta la gente
entre risotadas y eructos.

¿La revelación de nuestras iluminaciones?
Sacamos al flautista de su caja
y lo contagiamos de sonambulismo.

Alambique, cristal, juego de espectadores:
desde un escondite de marionetas
desde un escondite de acróbatas
desde un útero de sombras chinescas.

Del parque de atracciones guardo
el traje de lana verde,
la cabeza de mi padre,
la pared desbordante de vulva.

Soy mutante.

Instantánea

Sin antifaz, los cuerpos
hacen huellas en una arena hambrienta.
Ascienden por sombras y juegos
para atravesar ciertos rituales
de claridades ebrias. Goza la risa.
Los ojos cuentan a los ojos
del temblor, del latido,
de un pasaje de transición
que duele y gime y reclama.

Il Fornaio

Bajaba la palabra de la pupila al cuerpo
en travesía que hilvanaba la harina
a las manos que no sabían
si contar o escuchar.

El pan etrusco, tras la primera mordida,
usurpó la memoria,
mientras su olor sereno
bañaba los pezones de la tarde.

—Podré perderlo todo
menos esta geometría
de latidos precisos, dijo el pan.

Y la tarde, pertinaz en su hambre,
inició una ceremonia inalcanzable
entre los bordes de su cintura:

—En el gesto de la pluma,
queda roto todo mal agüero,
dijo una voz.

Si de algún *trompe l'oeil* se trata
es de aquel que me hace
leer lo que te pertenece:
insólito desliz del que me apropio.

Poética

Tacto
(del instante que encuentra
la duración de la mano)

En el contexto del canto

Una silueta de hombre engendra sed
en la memoria como caricia poderosa.
El verano estalla del lado del deseo
y establece un reino
de rumores que discurren entre ausencias.

Calles de México D.F., 1994

Dos veces en la tarde tu imagen filtró el aire.
Mi diario de viaje transitó en espiral
y la fragmentación de la ciudad
se alzó como un pájaro de papel.
Para qué recorrer la vida urbana
si he tenido que decapitarme
en homenaje a un desconocido
(arde la enorme visión
de un anuncio de Coca-Cola)

De todas las voces que descienden por mi cuerpo
la del arquero que me sirve de ojos
ha recorrido un círculo:
bailo alrededor de tu rosa.

Elegía desde New Orleans

Calles de San Francisco en la punta de mi lengua,
vasija con canto, con júbilo,
con piel húmeda a la entrada de la casa.
Calles de San Francisco en la noche que tú conocías.
Cada una de nuestras pasiones
era Miguel, y otra vez Miguel,
que se dejaba acariciar entre cita literaria
y los latidos de nuestras venas.
Sin apurarnos. Sin esperar nada.
Mejor que durara así, por mucho tiempo,
para que nos diera todo lo que tenía y aquello
que nos haría indulgentes.

Boca que se ofrece.
Infinito hilo de saliva que nos marca
con suavidades táctiles.

Y después, a cada cual su ciudad.
New Orleans nutrida con aguas.
Y una herida sagrada en sagrado vaso
de niñez urbana, de aguaceros,
y un futuro que no recuerda más.

Fue corta la memoria.
Después los ojos contra cajas de fotografías
y tu historia urdida con saliva en muchas bocas
que me ofreció lo que siempre se agradece:
enseñanza del ojo.

Fresca la ropa se intercambia. Yo juego.
Allí, significa una ciudad en la que dos amigos
hacen un inventario de despedidas,
tocan sus cicatrices, apagan sus olores,
y a cada cual su piel de hilachas.

Mañana significa una ciudad de anfiteatros
y el nombre de Dinócrates tatuado en mi cuello.
Allí, significa ese viaje que se valida
sin itinerarios, del ser herido en sí mismo.

Y ahora, mi memoria se despierta
en papel timbrado, y una llamada de teléfono
que engendra la poderosa sed de un dolor de garganta,
de la travesía por una Sala de Emergencia,
de un malestar donde queda escrita una palabra,
hay una sola que no consigo nombrar.

La noche con fruncida angustia
con ropa fresca que ignora a los muertos
y una perversa lentitud:
piel habitada por hormigas
que en vano se ocultan del cuerpo
en hilachas de grito:
río que pudre sus aguas frente
a un ojo cuidador que viaja tranquilo.

TRÍPTICO DE FURIAS

I. El rastro de las furias

When I caress you at night
I caress wars and ancient kings
And whole nations wandering
Or resting at peace.

YEHUDA AMICHAI

Dame la mano amorcito

Eres preciosamente raro
y soy terriblemente feliz
al verte.

(Dos x 2)

porque te amo) hace días
uso palabras redondas
parecidas
al gotear irónico
de ese tú
en el ánforalengua

soñando (antes de que
me ocurra el vacío)
hacia el centro,
desde el lento penetrar
(no hemos aprendido a adorarlo)
hasta tus chasquidos
en mis pezones

de nuevo con cuidado
el recorrer de tus dedos
en mis piernas disidentes
para volver a ser pródiga
en el chispazo delicado del gozo
con todas tus sensaciones
sobre mi cintura
(cerrada sólo sobre ti
hasta el murmullo X

Poema para trompo y percusión

El umbral de lo que pienso
(y no sabes)
queda dibujado cada noche
entre el hálito y el conocimiento:

te entrego un espacio
para que hagas tiempo
(y te demores)

Cada noche mi cuerpo se hace trompo
por la aceras de tu cuerpo,
y me escondo
para conjurar
miradas impertinentes
sin escaramujos,
sobre tu espalda
(y no te pido permiso)

Cada noche tu cuerpo es un trompo
de ráfagas azules
y presencia de manos
en mi piel
(juego abierto)
sin identidad ni origen,
con aprendizaje
de rituales y de exilios.

Cada noche he jugado
al juego del trompo loco
(luces de abrazos/papel mojado)

No quiero contar historias:
Todo lo que necesitas saber
es que mis signos son
de ausencias que precisan
ternura y conjunción de azahares.

Safismos
(con su permiso)

1.

Esto y aquello
No sé lo que haga:
Tengo dos mentes

2.

Debo confesar:
Amo al que me acaricia

3.

Al lado de mi cama
Con el color de tus ojos
El amanecer me ha sorprendido

4.

Toco mi filarmónica y digo:
Date ahora, mujer testaruda

5.

Con miedo de perderte
Corro revoloteando
Como una niña pequeña
Detrás de su madre

6.

Si llegas hoy
Pondré
Almohadas nuevas
Para que sueñes

7.

Día que llega, día que se va
tengo hambre de ti
Y batallo en tu contra.

Canto Gregoriano I

Dejen que el amor sea una cáscara de plátano burlona.

Dejen que el amor tenga forma de cámara oscura
dentro de la fruta.

Dejen que el amor sea un paquete de caramelos
y risotadas.

Dejen que el amor sea una cáscara brillante.
Dejen que la fruta se meta en la cámara oscura.
Dejen que las risotadas se atraganten con los caramelos.
Dejen que el agujero se quede sin luz.

Dejen que el amor sea mameyes, zapotes, mangos
y frutabombas.

Dejen que eche semillas.

Dejen que el amor cante a mandíbula arrebatada
con su lengua de fruta en la azucarada cámara claroscura.

II. La música de las furias

Eres fácil y difícil
áspero y también gentil
no puedo vivir contigo
ni puedo vivir sin ti.

MARCIAL

Arcángel impúdico

En este sentir de
plateada silueta
(desnudez zoomórfica)
hay prudente sencillez +
trajinar de apariciones
de tu boceto al mío:

Llego con itinerario de islas
a tu belleza.

Desde una ventana de San Francisco

II

Palpitación de la mano
y en su ciudad
un sentir en ti.

(los hilos rojos de tu piel
son preciosos en la ascensión
de mi cuerpo y su estallido)

Paso de cabalgadura

Cae la ciudadela
(de la epidermis)
con los trotes del deseo.

Inquieta sobre tu pecho
suelto los puentes
hasta tus ojos
y me azuleo.

Después, sueño contigo:
en mi sueño
hay un gran escenario
lleno de gorriones
y un extraño muro
y un espacio que no termina.

Avidez

Lengua,
te encuentro en tu vacío
y me vuelvo feroz
en tu presencia.
Déjate sentir
(en tu reptante humedad)
en mi boca hambrienta.

Sé de tu lengua sobre mi cuello.
De tu probar en rápidas oleadas.
Sé de mi lengua
y sus aprendizajes.

Escucho tu lengua
con sonidos de arpa
en mi clítoris
tal juego de manos.

Ella es reina en mis ciudadelas.
Lagarto trepidante en mis senos.
Cosquilleo infinito en mis orejas.
Baile celta en mis nalgas.

Tu locuaz lengua.
Tu rosada lengua
de Dylan Thomas.

Y este poema que pone
tu lengua
en mi boca.

Cuadro de Honor

Sin vestigios de inmadurez
y con defectos
el mundo tiene
su principio y su fin
en tus ojos de Furia.

III. ... Y otras furias

La furia de los olores

Sándalo en la memoria muerta del sándalo
entre tu sed y mi sed (no hay)
mirra, pachulí y gálbano.

Perfumar, Sahumar, Aromar.

Las furias infieles

Mi cuerpo a medio cerrar,
cuerpo hambriento.

Para este viaje no tengo mapas.
En mi equilibrio,
sencillamente absurdos.

Bajo la proa de tu esquife leve

Enemistades y turbulencias se suspenden
en las paredes de mi reino vegetal:

(Escribo la sed de Deirdre
por Fergal y las urbes soberbias)

Formación de tu cuerpo en la presencia.
Solícita transmutación de lo recóndito.
Dejo de conocerte.

Anónimo irlandés del siglo IX

—Tu casa está llena de acertijos negros y rojos.
Paredes de cicatrices. Techos de lluvias.
Ventanales de hierbas. Pisos de madera
con huellas de músicos famosos.

—Calla, no hables
que en ti no pienso ahora.
Están mis pensamientos
en estas triscadoras furias.

La furia de la cámara

Es una mujer.
Ella está aquí
(y escribe poemas)
Ella se arma
(y se desarma)
como un rompecabezas.
Ella mira hacia la cámara
(y oprime el obturador)

ÍNDICE

Págs.

EN UN ESPEJO CONVEXO

I. EN UN ESPEJO SUENAN LOS PASOS 9
   Con mi rueca 11
   Jan Vermeer Van Delft desenfoca su pintura por un
   temblor de tierra 12
   Autorretrato en un espejo convexo 13
   Aureo ojo el origen 14
   Dame la mano, que voy con argénteo paso 15
   Música de órgano oscura y sagrada 16
   1403 Pine Street 17

II. CON PRESTIGIO DE AZAR Y METÁFORAS DE ORFEBRES 19
    Tres poemas que hablan de la anatomía de un mago 21
    Canto Gregoriano II 24
    Sin temblor 25
    Desde una ventana de San Francisco I 26
    Sombras chinescas 27
    Templo de epigramas 28
    El peor dibujo del triángulo 29

III. DESDE UN ESCONDITE, UNAS CUANTAS TRAMPAS VISUA-
     LES 31
     Querida R. V. 33
     Instantánea 34
     Il Fornaio 35
     Poética 36
     En el contexto del canto 37
     Calles de México D.F., 1994 38
     Elegía desde New Orleans 39

TRÍPTICO DE FURIAS

I. EL RASTRO DE LAS FURIAS 43
   Dame la mano, amorcito 45
   (Dos X 2) 46
   Poema para trompo y percusión 47
   Safismos 49
   Canto Gregoriano I 51

II. LA MÚSICA DE LAS FURIAS 53
    Arcángel impúdico 55
    Desde una ventana de San Francisco II 56
    Paso de cabalgadura 57
    Avidez 58
    Cuadro de Honor 60

III. ...Y OTRAS FURIAS 61
     La furia de los olores 63
     Las furias infieles 64
     Bajo la proa de tu esquife leve 65
     Anónimo irlandés del siglo IX 66
     La furia de la cámara 67

Este libro se terminó de imprimir
el día 18 de octubre de 2001.

editorial BETANIA

Apartado de Correos 50.767
Madrid, 28080, España.
Teléfono: (91) 314-5555.
e-mail: ebetania@teleline.es

- **COLECCIÓN EDICIONES CENTRO DE ESTUDIOS POÉTICOS HISPÁNICOS.** Dirigida por Ramiro Lagos:

- *Oficio de Mudanza,* de Alicia Galaz-Vivar Welden, 64 pp. , 1987. ISBN: 84-86662-04-4. PVP: 400 ptas. ($ 6.00).
- *Canciones olvidadadas,* de Luis Cartañá. Prólogo de Pere Gimferrer, 48 pp. 1988. ISBN: 84-86662-11-1. PVP: 400 ptas. ($ 10.00). (6.ª edición).
- *Permanencia del fuego,* de Luis Cartañá. Prólogo de Rafael Soto Vergés, 48 pp. 1989. ISBN: 84-86662-19-2. PVP: 400 ptas. ($ 6.00).
- *Tetuán en los sueños de un andino,* de Sergio Macías, 72 pp. , 1989. ISBN: 84-86662-47-8. PVP: 700 ptas. ($ 8.00).
- *Disposición de bienes,* de Roberto Picciotto, 112 pp., 1990. ISBN: 84-86662-63-X. PVP: 1.000 ptas. ($ 10.00).
- *La región perdida,* de Jorge Nef. Prólogo de Alicia Galaz Vivar, 48 pp., 1997. ISBN: 84-8017-085-9. PVP: 1.000 ptas. ($ 10.00).
- *De vida o muerte,* de Antonio Barbagallo. Prólogo de Carlos Miguel Suárez Radillo, 56 pp., 1998. ISBN: 84-8017-093-X. PVP: 1.000 ptas. ($ 10.00).
- *Cantos de la epopeya de América,* de Ramiro Lagos. Prólogo de Luis Sáinz de Medrano. Prefacio de Otto Morales Benítez, 336 pp., 2001. ISBN: 84-8017-122-7. PVP: 2.000 ptas. ($ 20.00).
- *Doce muertes para una resaca,* de Bernardo Navia, 96 pp., 2001. ISBN: 84-8017-155-3. PVP: 1.000 ptas. ($ 10.00).
- *Sol Edad divino tesoro,* de José S. Cuervo. Prólogo de Alberto Julián Pérez, 56 pp., 2001. ISBN: 84-8017-156-1. PVP: 1.000 ptas. ($ 10.00).
- *Autorretrato en ojo ajeno,* de Carlota Caulfield, 76 pp., 2001. ISBN: 84-8017-160-X PVP: 1.000 ptas. ($ 10.00).
- *Escorzo de un instante,* de Humberto López Cruz, 64 pp., 2001. ISBN: 84-8017-159-6. PVP: 1.000 ptas. ($ 10.00).